Edy Laraque

***EDY LARAQUE* L'Odyssée d'Edy**

Edy Laraque

EDY LARAQUE L'Odyssée d'Edy

La Vie est un Voyage sur un Chemin Cahoteux

Éditions Muse

Imprint
Any brand names and product names mentioned in this book are subject to trademark, brand or patent protection and are trademarks or registered trademarks of their respective holders. The use of brand names, product names, common names, trade names, product descriptions etc. even without a particular marking in this work is in no way to be construed to mean that such names may be regarded as unrestricted in respect of trademark and brand protection legislation and could thus be used by anyone.

Cover image: www.ingimage.com

Publisher:
Éditions Muse
is a trademark of
International Book Market Service Ltd., member of OmniScriptum Publishing Group
17 Meldrum Street, Beau Bassin 71504, Mauritius
Printed at: see last page
ISBN: 978-620-2-29912-1

L'ODYSSÉE D'EDY

La Vie est un Voyage sur un Chemin Cahoteux

Par : Edy Laraque

Un livre de poèmes, de pensées et d'essais écrits tout au long de ma vie : de mes années d'adolescence à aujourd'hui. Un voyage de plus de cinquante printemps dans l'univers littéraire.

À mes enfants -- Georges, Daphney et Jules--. La poésie est le langage de l'âme qui rejoint Dieu, Dieu qui est Amour. Ce papa sévère et exigeant que je fus, vous a tous aimés de toutes ses forces.

À Amelie, la grande-fille de Lise, émerveillée par l'histoire de Lise et d'Edy. Que tu deviennes, toi aussi la victime enchantée de Cupidon. Sois heureuse sur ton chemin.

À mon île montagneuse, mon pays. Quand l'amour règnera dans nos cœurs, nos relations, notre discipline et dans le respect de nos propres lois, tu deviendras une grande nation, telle que rêvaient tes vaillants fondateurs.

Haiti 1967 – Lachine Québec, Mars 2021

PROLOGUE

J'offre sur demande à mes lecteurs, cette compilation de mes poèmes. J'ai commencé à les écrire à l'âge de quatorze ans. Il est étonnant de noter que je demeure encore aujourd'hui, le même jeune homme romantique que je fus adolescent. Mon style et mes idées ont survécu les années. Seule ma maîtrise de la langue de Molière s'est améliorée. Ma plume s'est enrichie de descriptions plus précises, d'images plus colorées et de sentiments plus passionnants.

Beaucoup de ces poèmes figurent dans d'autres livres qui sont ou seront publiés. Je les regroupe selon des thèmes plutôt qu'une présentation chronologique. Mon voyage sur le long chemin de la vie -- cahoteux écris-je -- peut se lire à travers mes vers. Ma plume demeure sensuelle -- selon une critique française! -- et mes écrits se veulent faciles à lire. Je vous souhaite bien du plaisir à parcourir ces pages.

L'unique pièce de cette section d'introduction, « Symphonie Mortuaire », décrit parfaitement mon âme : un grand idéaliste à la recherche constante de l'Amour. Je vis intensément -- trop, me répète-t-on! -- toutes mes idylles. Je les veux simplement parfaites. Je recommande de relire ce poème d'introduction à la fin de chaque chapitre, comme pour reprendre son souffle et se rappeler la personnalité de cet écrivain hors normes.

Je porte une attention soutenue à la musicalité et au choix des mots durant la rédaction de mes vers -- Merci à feu Madame Circée Douyon, qui m'a formé au Centre d'Études Secondaires --. Comme pour bien de mes pièces, « Symphonie Mortuaire » est un poème écrit pour être mis facilement en musique avec ses vers de six pas, et huit à la fin --un peu comme « Le Centaure Ailé »--. Lisez-les en fredonnant avec moi.

Mon unique poème du dernier chapitre surprendra le lecteur : une personnalité patriotique se révèle à la toute fin. La plume devient un sabre, participant aux luttes sanglantes de notre histoire de peuple courageux qui souffre et qui s'immole.

SYMPHONIE MORTUAIRE

Mort, fauché par la mort,
Mon cœur subit le sort
De ceux qui, dans leur vie,
Ont sans cesse choisi
De duper les amours.

Victime de l'amour,
Des femmes, de l'étude
Et de la solitude
Des nuits, et des jours.

Les amours ou la mort,
Ma devise toujours.
L'amour me délaissa
Et la mort m'emporta.

J'aimais toutes les femmes;
Toutes m'abandonnèrent,
M'ont laissé solitaire,
Miné comme un infâme.

O solitude aimée
Du poète rêveur,
Tu dois être affligée
De la mort de mon cœur.

Mais il est mort d'amour;
C'est une fin sublime
Que recherchent toujours
Ceux qu'attirent les cimes.

Je ne mendie point de survie;
Je ne suis pas un truand .

Mais suis puni de ma vie
De voleur de cœurs chancelants.

Juin 1969, revu janv.-mars 2021

Chapitre 1

LE FILS DE LA PASSION

Ce premier chapitre est mon cri du cœur. J'offre en vers, l'histoire de ma vie, laquelle débuta dans un accouchement dramatique, une nuit printanière fraiche. Ma maman souffrait péniblement, dans son âme meurtrie et dans son corps révolté qui mettait abruptement fin à sa grossesse « honteuse ». Sa passion de jeunesse devint une tragédie qui a failli emporter sa vie et la mienne, le prématuré qui s'accrochait à la vie avec ténacité. Les six poèmes de ce chapitre vous invitent à vous impatienter pour la parution de l'autobiographie du même nom : « LE FILS DE LA PASSION ».

Ce chapitre est un récit trop rapide certes, de mon voyage sur le chemin cahoteux de la vie. Je recherchais constamment – tâche impossible sans doute -- la passion que ma maman n'a malheureusement pas vécue dans sa brève vie (decedee a soixante annees!). En porté-je l'odieux -- la malédiction me dit-on! -- de sa grande déception, née de son grand amour tragique, voire funeste?

ÉVEIL À L'AMOUR

Fraîchement sevré des entrailles de maman,
Je fus accueilli par des élans d'amour forts.
Tous s'efforçaient à sauver ce petit enfant,
Cette tête enorme et ce minuscule corps.
Chétif, je me blotttissait convenablement
Dans la paume d'une main ouverte amplement.

Les nonnes sages-femmes me momifiaient,
Seul mon visage était gardé à découvert,
D'eau bouillante, mon petit cocon arrosaient.
Pour ma survie, une humidité salutaire!

Le Ciel délégua la femme d'un médecin,
Partager la chambre de maman aux abois.
La bienfaitrice, son amour me prodigua
Et me materna comme si je fus sien.

Maman priait : mon Dieu, prête-lui la vie,
Le seul souvenir de mon idylle maudit,
De mon amour de jeunesse, le produit.

Toute cette effusion d'amour m'accueillit :
Toutes œuvrèrent à me maintenir en vie;
Mon ouverture hâtive à l'amour prit naissance
Dans les premiers instants de mon existence.

Janvier-février 2021

JE SAUVERAI TON FILS

Ne pleure pas, ma petite madame,
Je sauverai ton fils.
Sèche tes larmes, belle marabout,
Ton fils chéri vivra.
J'en prendrai soin, le nourrirai,
Le tiendrai au chaud et l'aimerai.
Ton fils vivra, je te le promets.

Inconsolable, ma mère pleurait déjà,
Son bébé voué à la mort certaine.
Elle accueillit cette bénédiction.
Cette offre salutaire, ce geste altruiste
De sa compagne de chambre d'hôpital,
Envoyée du Ciel pour sauver son bébé.

La mécène m'adopta, moi le prématuré
Je devins le frère jumeau de sa fille née la veille.
Elle m'enroba de linges humides et chauds;
Elle m'initia à m'abreuver de ses seins généreux,
Elle me soigna et m'aima tendrement.

Bientôt, avide de vivre, je vidais ses seins fatigués
Elle en fut heureuse et riait aux éclats:
Ti Blan [1]tu seras grand et fort, tu bois avidement,
Tu es rose de vie, tu grouilles tout le temps.
Elle m'initia au lait de vache pour devenir autonome.

Après six cycles lunaires, ma mère nourricière
Pleura chaudement le départ de son fils adopté,
Arraché malgré elle, pour rejoindre sa vraie famille.
« Laissez-le-moi, mon fils, mon *Ti Blanc* d'amour.

---

[1] Petit homme au teint clair

« Il ne veut se passer de mes seins, de mes caresses. »

Je ne puis la remercier de son vivant.
Quand j'ai reconstruit la grande histoire d'amour
Du début de ma vie, dans son foyer merveilleux,
Ma chère première mère, me renseigna sa fille,
Était déjà partie heureuse, pour la Maison du Père.

Je te suis reconnaissant pour tant de bonté,
Tu m'as aimé comme ton propre fils.
Oui, je fus ton fils, je le suis à jamais.
Merci pour la vie, *manman mwen*.[2]

20 Février 2019

---

[2] Ma maman.

L'AMOUR DURANT L'ENFANCE

Enfant, je découvrais les merveilles du Créateur.
Ma mère demeura la femme parfaite,
La plus belle, consacrée durant mon éveil à l'amour

Toujours dans les couches, une déesse me domina:
Edith, la gentille marabout au sourire angélique.
Elle m'aimait comme son fils, me cajolait.
Je ne pouvais endurer son doux regard;
Elle m'éblouissait; elle était trop belle.
Je m'enfuyais à sa vue, me sauvais de sa tendresse,
De ses moindres témoignages d'affection.

Jaloux, je n'aimais point son grand grimaud[3] d'ami!

Janvier-février 2021

L'on apprend à aimer, l'on devient amoureux; non on ne tombe pas amoureux. Tomber amoureux, c'est s'amouracher, mais pas s'aimer vraiment. Aimer est non seulement ressentir de l'attraction, des élans d'amour, c'est vivre toujours en aimant l'autre sans pouvoir se séparer.

[3] Nom péjoratif donné aux noirs à peau claire.

VACANCES

Si la joie n'existait pas,
On travaillerait tout le temps.
Heureusement, elle existe!
Et surtout des moments
Qui lui sont consacrés.
Ce temps pour nous les écoliers,
Ce sont les vacances!

Vacances!
Ce seul mot réjouit l'écolier,
Après tant de durs labeurs.

Vacances!
La délivrance de toutes les pénitences,
Que nous infligent les maîtres sévères

Vacances!
La période des promenades agréables,
Sous le brillant, beau et bienfaisant soleil.

Vacances!
Le temps des longues excursions,
Dans le bain d'air pur des montagnes.

Vacances!
L'époque des jeux sur le rivage sablonneux,
Des bains interminables dans la mer bleue.

Vacances!
La liberté de se rendre à la chasse,
À la pèche, au ciné, à toute heure.

Vacances!

La joie d'être à l'ombre d'un arbre,
Savourant ses fruits juteux et sucrés.

Vacances!
Que de joies en perspective!
Que c'est beau le temps des vacances!
Vivent les vacances!

Si elles n'existaient pas
Que deviendrions-nous, pauvres écoliers,
Constamment assidus au travail?

En y pensant on s'aperçoit
Qu'elles valent mieux que tout;
On goûte à la vie dans la joie;
Pas de vie agréable sans joie!

Mai 1967

MAMAN

Depuis ma naissance,
Tu es mon unique source,
De bonté, de soutien, de tendresse,
Aujourd'hui dans mon adolescence,
Inlassablement tu m'enveloppes
De ton soutien continu et de tes vertus.

J'ai tout reçu de toi,
Tu m'as porté dans tes entrailles,
As souffert pour me mettre au monde;
M'as prodigué des soins soutenus
Dans les trois âges de ma vie :
Nourrisson, enfance et ma jeunesse.

Tu as soigné mon éducation,
M'as inculqué le culte de l'excellence :
« T'as les talents d'être le meilleur,
« Tu dois toujours le demeurer! »

Tu as forgé mon caractère et ma bonté,
Pour bâtir mon avenir
Dans la discipline, le travail acharné.
Tu m'as appris à respecter
Les pauvres, les ainés,
A aimer et aider mon prochain,

Maman, tu m'as généreusement donné
Tout ton possible absolument.
Tu t'es sacrifiée pour moi,
Avec abnégation, de tout cœur.
Tu demeures une mère admirable.

Moi, que t'ai-je rendu en retour?

Que vais-je donc t'offrir?
Au grand jour de ton anniversaire?

Faut-il te donner des fleurs toutes écloses?
Non, elles se faneront après quelques aurores.

Des dragées, du chocolat?
Elles s'épuiseront dans la gloutonnerie.

Une carte de souhait?
Vulgaire création commerciale,
Elle se perdrait et ne saurait,
Ni exprimer mes sentiments,
Ni satisfaire mes désirs,
Ni conserver longtemps mes vœux,
Que je veux te renouveler toujours.

Des baisers tendres et chaleureux?
Ils pourraient convenir,
Si seulement ils ne s'envolaient,
Après avoir en un clin d'œil, transmis,
Mes sentiments et mes vœux.

Qu'ai-je de durable,
De satisfaisant pour exprimer mes désirs,
De rénovateur pour présenter mes vœux,
De communicateur de mes sentiments?

Seul, je ne peux discerner le parfait présent.
L'aide des dieux m'est salutaire
Pour finalement l'identifier.

Mon cœur, m'indiquent les divinités.
Je te l'offre, maman,
Car il a tous ces pouvoirs.

Tu me l'as donné,
Allumé en lui toute flamme d'amour,
De tendresse, de bonheur.
Tu l'as bien gagné.
Reçois le pour ta fête,
Comme récompense à ton dévouement,
Comme témoignage de mon amour,
Tu mérites d'être la plus choyée,
D'entre les bonnes mères,
Chérie et aimée, surtout de tes enfants,
Pour qui avec dévotion,
Tu t'es toujours sacrifiée.

Écrit en Mai 68. Révisé en décembre 2020.

MES DEUX AMOURS

Mon cœur regorge de félicité,
Mon âme enivrée est débordée,
J'adore mes deux amours avec passion,
Je les vénère, leur voue adulation.

L'une me fit don de vie,
Produite dans des élans d'amour créateur.
L'autre me maintient en vie,
Renforce ma raison de vivre et mes ardeurs.

L'une dans ses entrailles me porta sans fin,
Me couvrant de soins dès ma conception.
L'autre dans son cœur me garde à dessein,
M'enveloppe sans cesse de sa folle passion.

Ces deux femmes, mon roc solide demeurent;
Ma Mère et Muse, mes sources de bonheur,
Mes rayons de soleil, mon repos, ma vigueur.

J'aime tendrement ma vaillante mère.
Elle se sacrifie sans bornes pour moi.
La soif, la faim inconnues sous son toit;
Le succès et l'amour, ses valeurs les plus chers.

Fière de fiston, fruit de labeurs infinis,
Me soigne, me façonne, surtout me chérit.
Me prodigue le vrai amour maternel;
Mon amour pour ma mère profond et réel.

Ma muse déroba mon cœur subtilement;
Elle m'envoûte, règne dans mes rêves vermeils;
Ma muse fait enfin briller mon firmament,
Ma vie jadis terne se remplit de merveilles.

Son corps séduisant, son visage angélique
Et son charme en font la déesse idyllique.
Cette adorée dont la beauté intellectuelle
Rehausse sa très grande beauté corporelle.

Les deux amours, aux hommes sont salutaires;
Elles nous procurent équilibre et savoir-faire;
Elles se complètent pour nous initier à la vie,
Sous leurs jupes protectrices, à l'abri.
Nos moindres succès sont le fruit de leurs amours.

16 Août 1968; Révisé Février 2019

NE RIGOLE PAS MAMAN

Tu rigoles, maman avec tant d'allégresse;
Là-haut sur ton trône, tu ris de ma tristesse.
Tu sembles bien savourer ta revanche acquise,
Que tu ne cesses de célébrer à ta guise.
Ta joie poignarde mon cœur rempli de remords;
Tu te marres de la douleur dont je me tords.

« Non papy, » répondit la charmante Daphney[4]
Ses lèvres esquissant un sourire narquois.
« J'aime harmoniser mes pas de danse avec toi,
« Un grand bal au complet est certes trop pour moi. »

Tu t'en souviens maman, ce jour tu te réjouis;
Cette repartie, me torturant aujourd'hui,
Venant de moi cinquante printemps plus tôt,
T'avait anéantie au bord des sanglots.
« Tu as imprégné cette réplique sévère
« Dans tes gênes autonomes légués a ta chère. »

Une larme avait perlé ta joue, me dis-tu
Car tu n'avais point, pauvre maman, réussi
À te faire emporter par moi, le sosie
De la seule passion qu'hélas tu aies vécue.
Tu voulais revivre des instants de bonheur,
Mon insouciance les avait dérobés sur l'heure.

Mon fils trop altier pour ne jamais l'avouer,
Tu convoitais aussi le plaisir, la tendresse,
Seuls nos enfants peuvent nous procurer sans cesse;
Tu rêvais de conduire ta chère princesse,
Sur la piste danser, toute âme abandonnée.

---

[4] Daphney, ma fille

J'ai appris ma leçon, oui maman, j'ai compris
J'aurais dû émuler Fanfan[5], ton fils chéri,
Danser à volonté avec toi, la charmante
Cavalière légère et toujours séduisante.

Juillet 2019

[5] Fanfan, mon feu frère aîné, Frantz

TA RENCONTRE A CHANGÉ MA VIE

Serge, ta rencontre a changé ma vie.
Tu as exercé un impact colossal,
Tu as guéri mon mal monumental.

Je suis devenu un homme, j'ai mûri;
J'ai acquis une étonnante identité,
Fus introduit dans mon passé de passion débridée.
Tu m'as dévoilé cette face cachée,
Ce secret si religieusement préservé.

Je jouis enfin d'une famille réunie,
L'apport impromptu de la branche paternelle.
Plus de sanglots dans les jupes de mes amies,
Impuissant à élucider le mystère cruel.

Par notre rencontre, mes larmes, tu les as asséchées.
Enfin je me suis découvert;
De mes origines, je lis le livre ouvert,
Avec enthousiasme et beaucoup de fierté.

Je ne me chercherai plus, *Gogo*.
Tu m'as amené dans ta famille polie, empressée.
Je m'y suis identifié tout de go
Fus envahi par le bonheur de me sentir intégré,
Dans mon passé toujours inconnu, de pouvoir me plonger.

Des membres de ma famille, je ne suis plus différent,
Plus la risée pour mes yeux bridés,
Mes sourcils épars, mes lèvres étoffées;
Il est beau mon visage rectangulaire, imposant.

Ta rencontre m'a appris que Dédé
M'a inculpé ma fierté, ma forte personnalité.

Et mon oncle, ma sensibilité d'écrivain.
Le miracle des gênes que je traîne fièrement;
Je suis devenu normal, *Sergo*, bien sûr différent,
Dans ma nouvelle vie rayonnante enfin.

Merci de m'avoir patiemment recherché;
Merci pour avoir réussi à me trouver ;
Merci pour avoir élucidé tant de mystères;
Merci, mon frère, pour cette rencontre salutaire!

Après chaque strophe que je parviens à écrire,
Je pleure chaudement ta mort. C'est poignant.
Je souffre, ne puis pas m'endormir.
Serge, mon grand frère, tu me manques tellement.

Par cette rencontre tu m'as appris à aimer.
Ton calme et ton sourire permanent sont gravés.
« Vieillis », m'as-tu dit dans mon sommeil
Il y a trois semaines, « Tu te réveilles,
« Je m'en vais; tu seras le seul homme, mon vieux;
« Pour notre famille, fais de ton mieux.
« **Fè sa'w kapab, Nèg.**[6] »

20 août 2020

---

[6] Fais ton possible, mon grand –Nègre--.

RENAISSANCE DIVINE

Chaude nuit d'été agréablement rafraichie.
Douce brise issue des Grands Lacs majestueux.
Sommeil profond sur les berges du Lac Saint-Louis.

Fébrilement je vis un rêve merveilleux,
Avec Toi, auréolé Jésus, fils de Dieu.
Le Seigneur avec douceur me prit par la main :
Mon fils, aux butinages déments, je mets fin.

Parcelles sanglantes de mon cœur morcelé,
Jonchées sur le sol, dilapidées et trahies
Par ces fleurs déshonorées aux pétales flétries.
D'un geste paternel, Il les a récupérées.

De mon cœur miséreux insolemment brisé,
Les piteux lambeaux, le Seigneur régénéra.
Vers ma promise marabout élancée,
Affectueusement, souriant Il me guida.

Mon fils, amarre tes cordages fatigués,
Saisis ta fortune, elle t'accueille enfin;
Ta seconde moitié, elle te fut façonnée.
Refugie-toi confiant dans ton gîte destiné,
Abandonne-toi à ton fascinant avenir divin.

Ma mère réjouie, la scène observa,
Esquissa un sourire, se félicita,
De ma renaissance, une fierté éprouva.
Dans l'allégresse du Paradis, elle retourna.

Inquiet, je cherche l'ombre de ma dulcinée,
Dans ta béatitude, Lise retrouve-moi,
Mes bras, en douces pétales, forment le cosy;

Viens heureuse, t'y blottir avec émoi.

Juillet – août 2019. Revu en février 2021.

Chapitre 2

DE LA GENÈSE À L'ODYSSÉE

Le plus beau roman d'amour de ma vie. Il prit naissance, fleurit et survécut des décennies de séparation. Je me demande encore comment j'ai pu dans ma tendre adolescence, mettre en vers les missives que j'échangeais avec Lise. Elle fut la pionnière, celle qui m'aima de son amour sincère, celle qui me gratifia de mon premier baiser. Nous sommes tombés amoureux l'un de l'autre, sans comprendre les fortes attractions qui nous soudaient l'un a l'autre.

Je me demande aussi pourquoi je ne reécris pas ce feuilleton en une pièce de théâtre classique, à la Racine[7] . Surtout que toutes les pièces maîtresses sont déjà écrites en alexandrins. Je suis sans cesse charmé par ma plume passionnée qui serait prête à exécuter ce projet. littéraire J'invite mes lecteurs à partager ce bouquet splendide de seize fleurs.

À titre d'introduction, ce petit poème sur l'innocence, les origines et la profondeur du Premier Amour, le vrai. Les premiers amours durent éternellement.

[7] Écrivain dramaturge français du seizième siècle.

LE PREMIER AMOUR

Nourrisson précoce, je m'éveillai à l'amour
Pour ma mère, l'aguichante marabout parfaite,
Je fus dans mon enfance, ensorcelé par Edith,
La marabout d'âge mûr, au sourire angélique.
Adolescent, je découvris les beautés de la création,
Fasciné, admirais les jeunes filles, toutes adorables.

Je fus épris de Lise, la mignonne marabout
Aux lèvres pulpeuses, au regard pétillant.
Je m'imaginai Popeye, le marin tout puissant;
Lise, la fluette devint ma séduisante Ovide
Avec ses jambes longues et minces,
Perches élégantes de charmants flamands roses.

Mon premier amour devient le standard, la référence,
L'image inaltérable jamais oubliée.
Elle est imprimée dans mon âme, mon subconscient.
Malheur à toutes celles qui ne surent être une autre Lise;
Leurs idylles tournaient toutes au désespoir.

Le Premier Amour, sentiment pur d'un enfant,
Né dans l'innocence du jeune âge.
Vrais élans divins du cœur
Que la société ne réussit guère à corrompre..

Rêve merveilleux de jeunesse,
Qui défia les contraintes sociales
Ne se soucia point de l'opinion des autres.
Premier amour ne cesse de grandir,
De s'épanouir et de dominer les rêves.

17-22 Janvier 2021

De ce premier amour naquit une romantique histoire d'amour, soumise aux contraintes de l'adolescence. Le père de Lise soucieux de l'avenir de sa fille adorée, la protégea et s'opposa fermement à toute relation. Laquelle se développa en catimini.

Ce qui suit est le récit de cet amour qui dura toute une vie, et qui fleurit encore aujourd'hui : **Un feuilleton de ce Premier Amour raconté avec des alexandrins.**

Il commence par la rencontre. Puis vint la cour et le premier baiser de deux amoureux lors d'une panne d'électricité favorable. Les tâtonnements et l'euphorie de la passion furent des heures de gloire. Mais les conflits familiaux et les faiblesses de jeunesse d'Edy menèrent à la rupture. Le feuilleton se termine glorieusement avec l'Odyssée, le grand retour dans la splendeur de cette passion de toute une vie. Le pardon accorde, Lise et Edy s'engagent dans une vie d'apothéose dans le dernier poème.

LE SOIR DE NOTRE RENCONTRE

(À Lise)

Un bal de salon anodin chez des amis.
Atteint d'un furieux coup de foudre à ta vue,
Je fus épris, gelé ; quel amour imprévu
Vite m'imprégna le soir de notre rencontre.

Lise m'apparut coquette et resplendissante.
Vraie reine de beauté joyeuse, rayonnante!
Me séduit sa silhouette fine, envoûtante!
L'étoile du bal, le soir de notre rencontre!

Fourvoyé, je fus perdu, tel un sans-abri,
Dans un désert aride privé d'oasis.
Mon cœur en émoi, de tendresse démuni,
Je baladais seul le soir de notre rencontre.

Tu m'apportas grande joie et folle allégresse,
Secourras mon âme solitaire, en détresse.
Un bonheur infini me grisa en liesse;
L'amour se révéla le soir de notre rencontre.

Femme porteuse de nouveaux espoirs voilés,
Tu redonnas la vie à mes jours dévastés.
Ton phare rayonnant chassa l'obscurité
Des nuits sombres, le soir de notre rencontre.

Source d'élixir étanchant ma soif ardente;
Nourriture pourvoyant à ma faim crevante,
Me rassasiai de ta sève florissante
Que tu m'offris dès le soir de notre rencontre.

L'amour ne se cherche pas ni ne s'étudie;
Sournois il rôde autour puis il nous envahit;

Allègrement par les cœurs, il est accueilli;
Nous l'avons perçu le soir de notre rencontre.

Lise, la charmante, seule compte pour moi.
J'aspire à entrer en symbiose avec toi,
Célébrant l'euphorie de vivre sous ton toit;
Tendres rêves nés le soir de notre rencontre.

Janvier 68, révisé décembre 2020

SUPPLICATIONS

(À Lise)

Ma chère délicate fleur si gracieuse,
S'est-elle muée en cette épine hideuse?
Je ne puis m'imaginer cet ange adorable,
Se métamorphoser en diablesse minable.

Non, ma chère dulcinée joviale et charmante,
Brille telle une pleine lune ravissante.
Suis demeuré amoureux, .passionné.
Mon âme s'embrase constamment sans pitié.

Elle n'y comprend plus rien, mon âme perdue;
Mes yeux aveuglés par ces images atroces;
Mes oreilles crevées par ces discours féroces;
Ma raison m'abandonne, elle a disparu.

Préféré-je une autre à toi? Dis-tu attristée
Toi seule de toutes, as su m'ensorceler.
Ai-je choisi une autre? Supplies-tu troublée;
Mon cœur et mon âme, à toi seule dédiés.

Mortifiée, tu écris : je ne t'aime plus.
L'amour le vrai n'est point un leurre passager;
Ce sentiment divin nous envahit confus,
S'approprie nos cœurs pour ne jamais s'envoler.

Qui insolemment prétend son amour déchu,
Cet abandon complet de soi, n'a point connu.
Car les vrais amoureux sont maintenus captifs
Par les chaînes de leurs sentiments excessifs.

Ta souffrance, Lise, est-elle nécessaire?
En amour s'acharnent les épreuves précaires.

Pour atteindre nos chers objectifs poursuivis,
Des obstacles ardus doivent être franchis.

Tes tourments incessants provoquent ma souffrance.
Te sentir joyeuse, me rend des plus heureux.
Ton cœur a dans le mien, d'intimes résonnances,
Dans mes rêves, je nous vois unis tous les deux.

Me laisses-tu sombrer dans la mélancolie?
Je suis trop vert pour y abdiquer mon cœur.
Dis! Aspires-tu à notre parfait bonheur?
Je te choisis la femme adorée de ma vie.

Janvier 68, révisé Juin 2019

PRIÈRE AGRÉÉE
(Réponse de Lise)

Cette fleur douce et belle qui t'éblouit tant;
Cet ange pur qui t'enivre et comble ta vie;
Rassure-toi, ils n'ont point mué, mon ami.
Stables sont demeurés; ils souffrent ardemment.

Tu ne t'es pas transformé, tu l'as si bien dit.
Toi le plus beau, mon adonis, tu me séduis,
Ta chaude éloquence constamment m'éblouit.

Le premier homme, auquel j'ose livrer mon cœur,
Me fit découvrir le vrai amour, le bonheur;
Toi, mon confident, ma passion, ma ferveur.

Quelle idée saugrenue: mes sentiments sincères
Du jour au lendemain, chéri, ne changent guère.
Lis dans mes yeux langoureux, mon cœur conquis,
La profondeur de mon bel amour infini.

Je ne saurais rester insensible à l'idée,
Me faire dérober mon amant adulé;
Femme aimée de ta vie, je veux être et serai.

Défendrai ardemment notre amour impossible;
Sacrifierai ma personne comme la cible
De leur courroux, pour le maintenir rayonnant,
Le sauvegarder des obstacles effrayants,
Le faire éclore et grandir magnifiquement.

Janvier 68, révisé Juin 2019

Le plus violent des vents ne peut arracher de notre fleur si belle, si sacrée et si pure, notre amour, des pétales solidement et finement attachés.

DÉLECTATIONS
(À Lise)

J'eus tant voulu, en savourant ta jolie lettre,
T'envelopper dans mes bras passionnément!
Et mon cœur enflammé, à se rompre peut-être,
S'emballa, se mit à se battre follement!

Que mon refuge soit dans tes bras accueillants!
Que nos âmes se fusionnent en harmonie!
Je mire à savourer tes baisers enivrants.
Quand il plonge son bec, l'agile colibri
Du nectar exquis des fleurs charmées, se nourrit.

Pourquoi t'inquiètes-tu, mon âme timorée?
Premiers amours naissent dans l'effroi mutuel.
Le sort nous prédit-il un présage cruel?
Ou craint-il que l'un de nous se serait trompé?

C'est toi, ma Lise, mon premier et grand amour.
Médusés, acquérons la confiance pour
Châtier les écueils exposés au grand jour.

Quel danger néfaste nous est-il révélé?
Celui d'un amour que tu perçois impossible?
Bannis ce vocable hideux de nos pensées!
Langage froid de ton paternel irascible.

Me suis-je trompé sur l'affection de ton père?
En veut-il à ta joie, à ta béatitude?
Es-tu, à ses yeux mûrs, trop jeune pour plaire?
À tout âge aujourd'hui, avons la latitude.

Mon cœur passionné est dédié à toi,
Comme le tien exalté l'est tout à moi.

Je t’aime beaucoup, je mourrai de passion.
Nul ne doit germer cette fausse opinion
De nous juger incapables d’aimer vraiment.

Tu souffres, m’as-tu écrit si péniblement.
Sache-le cette seule pensée me sidère.
Souffrirais-tu, Lise à ton idée singulière
Qu’un jour, déserter de ta vie, je pourrai?
Jamais, ma tendre dulciné, je ne saurai,
De cet amour profond, lâchement me soustraire.

Janvier 68, révisé Novembre 2019

PLAISIRS SOUHAITÉS
(Réponse de Lise)

Je ne parviens point, cher ami, à t'esquisser
Les délectations frétillantes, éprouvées,
En savourant tes douces paroles d'amour.
Seul mon cœur au tien pourra les exprimer
Lorsqu'enfin blottie dans tes bras forts, je serai;
À leur verbe divin, nos cœurs ne sont point sourds.

Aucun mot, incluant les plus beaux, ne saura
Décrire précisément la grisante ivresse;
Aucun adjectif riche ne parviendra
À peindre parfaitement ma pure allégresse.

Cesse de douter de mon grand amour pour toi;
Soumets-toi à ta confiance aveugle en moi;
Toi seul n'échoues pas affreusement à se faire
Adorer de mon cœur insensible et austère.

J'ai beau réfléchir, essayé de te haïr,
Mon bel amour pour toi continue de grandir.
Chasse les ombrages de notre destinée,
Relis au plus profond de mon cœur enchanté,
Ton nom, en lettres d'or éternelles, gravé.

Au sujet de l'amour que je te dédie,
Je te jure, mon père ne va accepter
Que je me consacre au tout début de ma vie,
Dans toute union destinée aux plus âgés;
Il nous bascule vers un amour cachotier.

Pardonne-moi de ne pouvoir faire autrement.
Armé de ton inaltérable attachement,
Tu changes ma vie morose en ravissement,

Toi seul qui compte. Suis soumise à tes gestes;
Pour notre amour, Edy, je n'ai cure du reste.

Mon adonis, de ma vie et de ma personne,
Dispose comme tu le veux; je te claironne.
Sache bien, quoi qu'il puisse survenir un jour,
Que je t'aie aimé, t'aime et t'aimerai toujours.

Janvier 68, révisé Juin 2019

MON PREMIER BAISER

(À Lise)

Étreints, yeux dans les yeux, cœurs en liesse,
Nous échangeons promesses d'amour, de tendresse,
Sur le porche fleuri de ton logis mignon.
Soudain, le service électrique s'interrompt,
Une totale obscurité nous engloutit;
Doux rayons de lune revêtent la nuit.

Une tentation plaisante et singulière,
Est offerte par ce *blackout* salutaire.
Émus, nous n'opposons aucune résistance.
Un doux regard, serti d'un éloquent silence,
Lise, plonge-toi dans la sensualité,
Permets à nos cœurs de s'aimer et se lier.

Aussitôt dans nos bras, nous nous enfouissons,
Ton corps élancé, dans le mien étampé.
Tout penauds, fébrilement nous nos enlaçons,
Créant la geôle, nous voici enfermés.
Je resserre mon étreinte avec fermeté
Pour nous maintenir en parfaite symbiose:
Te presser trop fort et te suffoquer, je n'ose.

Ton souffle haletant chatouille mon cou nu.
La volupté envahit tes lèvres charnues;
Tu t'abandonnes aux pulsions du début.

Partons à la recherche du bonheur fébrile;
Nos chaudes lèvres, tâtonnements puérils,
Parviennent à se retrouver finalement.
Pubères, nous nous embrassons naïvement,
Découvrons nouvelles sensations plaisantes,
De nos lèvres charnues, les caresses charmantes.

Nous nous embrassons tels nos cœurs l'ont souhaité;
Long baiser chaleureux devient passionné,
Et souvent sauvage; une douce bisbille.
Soutenue de soupirs, de formules gentilles:
Je t'aime; nous nous aimons; pour l'éternité.

Nos cœurs en extase jubilent de bonheur,
Ils battent si fort à se fracasser enfin.
Obligeant la candeur du langage divin,
De notre bel amour, ils clament la grandeur.
Nos âmes épanchées se confient nos défis,
Nos plaisirs et nos joies, s'unissant pour la vie.

Mai 68, révisés décembre 2019

CONTEMPLATION
(À Lise)

Maintenant qu'en mon cœur, tout doute est effacé,
Et de ton amour, j'admire la vérité,
Je me sens fort aise de souscrire à t'aimer.

Sens-toi adorée, je t'aime de tout mon cœur.
Ta vie, tu me consacres avec tant de ferveur,e l
Je t'en sculpterai une odyssée de bonheur,
Je t'offre ma vie, elle est toute à ton honneur.

Bientôt nos deux cœurs triomphants se connaîtront;
Se parler, se confier, gaiement se mettront;
Utilisant leur verbe divin ils sauront,
Décrire enfin nos sentiments inénarrables.

Je te pardonne, Lise, je demeure aimable;
De tout cœur je t'octroie pleine absolution
Pour ton manque de déférence envers ton père.
Pour protéger notre noble relation,
Tu te consacres à franchir les barrières.

Lise, ton nom vit sur mes lèvres assoiffées,
Ta belle image brille dans ma vue voilée,
Ta voix, je ne cesse d'entendre avec émoi;
Comment t'oublier quand partout tu vis en moi?

T'aimer et être aimé, j'en suis si fier!
Tu fais de moi le Bienheureux de l'Univers.
Tes proses inspirent mes rêves et mes vers.

Nos cœurs, pour la vie je tâcherai d'unir;
De ma bouche, naîtra un vase d'élixirs;
Mes bras formeront des liens pour te retenir

Car je t'aime et ne voudrai point te voir partir.

Hier, je te chérissais, aujourd'hui je t'aime;
Demain, je t'adorerai, en folie extrême;
Puis je t'idolâtrai prochainement, chérie;
Elle grandit toujours, ma passion infinie.

Janvier 68, révisé Janvier 2020

BRILLANT AMOUR

(Réponse de Lise)

Ah! Quel amour brillant dont les ardentes flammes
Nous éblouissent les yeux, réchauffent l'âme.
Célébrons le plus ravissant et le plus sain
Des merveilleux amours chantés par les humains.

Notre passion bravera pires dangers,
Par mon malheureux père, méchamment dressés.

De notre grand amour, la naissance impromptue
Rend mémorable notre rencontre imprévue.
Nous nous sommes séduits, avions beaucoup dansé;
Hâtivement, nous nous sommes amourachés;
La passion brille de tous ses brasiers.

Tes chauds désirs, j'ai si hâte de partager;
Dans tes bras, je m'impatiente à m'enlacer;
Nos cœurs, je brûle d'envie de faire échanger.

Être toute à toi toujours, chéri je désire,
M'abandonner à toi, te pourvoir du plaisir.
Et à te rendre heureux, de tout cœur j'aspire.

Janvier 68, révisé Janvier 2020

OBLIGATION
(Nouvelle lettre de Lise)

Souhaites-tu, mon ami, que ta dulcinée
S'humilie piètrement implorant ton pardon?
Dois-je porter le courroux de notre rupture?
Ne peux-tu honorer mes nobles qualités
D'avoir maîtrisé mes élans, mes pulsions
Et résisté à tes appels vers la luxure?

Écoute et comprends celle tu jurais aimer.
Lui pardonner, le moins tu puisses lui offrir.

Veux-tu jouer avec mon cœur désespéré?
Est-ce ton vœu cruel de me faire souffrir?
N'y va pas jusqu'au bout, cher ami adoré.
Tu récolteras bientôt les cendres gelées
De ma vie amoureuse, hélas trépassée.

De mon merveilleux amour, suis perturbée,
Car du tien, suis privée sans pitié.
Tu peux justement attester, mieux que moi,
De la vigueur de cette passion pour toi.

Mais tu t'obstines tant à me faire souffrir;
J'endurerai les pires blessures amères
Mon cher rêve grandiose, pour accomplir:
T'aimer et être aimée de toi, la vie entière.

30/01/68

Que l'arbre de notre amour ne se départe pas de ses feuilles à l'approche des obstacles, comme l'arbre naturel perd les siennes dans la saison dorée.

DÉSOLATION
(Persévérance de Lise)

Même d'une réponse rigide et cruelle,
Tu ne daignas me consentir stoïquement,
Mon cœur fit taire mon orgueil obstinément,
Capitula pour gémir à ton cœur rebelle.

Pourquoi méprises-tu mes cris de cœur sincères?
Pas un simple geste ni un mot échangé!
Ton silence me tue; mes déceptions amères!
Est-ce un adieu cruel que tu veux m'imposer?
Je me l'explique ainsi. Est-ce la vérité?

Accablée, mon âme se meurt, mais je saurai
À ta guise, de ta vie me dissocier;
Je cèderai ma place à ta nouvelle flamme;
Cœur d'homme ne peut se partager par deux femmes.

Veux-tu, cher, me faire savoir avec disgrâce
Qu'il est bien mort, ton merveilleux amour pour moi?
Tu n'es point l'homme j'adorais avec émoi,
Car tu t'es comporté lâchement, et sans classe.
Toi et tous les garçons, êtes très vaniteux,
Beaux parleurs et menteurs, méchants et orgueilleux.

Ces mémoires fâcheuses je ne chasserai;
Dans mon cœur brisé ton nom restera gravé.
J'aurais aimé garder de mon premier amour,
Un beau souvenir me comblant de joie toujours.
J'hérite du plus acerbe, me meurtrissant,
Je le chéris, comme s'il fut le plus charmant.

L'amour nous aveugle et il nous rend pleurnichards
Quand on tombe dans son tragique traquenard,

On s'en aperçoit après la chute, trop tard.

Ton silence froid me fait grandement douter,
Mes scrupules, de mon cœur je veux effacer.
Notre avenir ne s'annonce plus enchanté.
Je ne puis m'imaginer que tu me nieras.
Le temps arrange les choses, ça changera;
T'oublier, mon âme mortifiée saura.

février 1968, révisé en février 2020

SOMMEIL D'AMOUR

(À Lise)

Je ne veux point te dire : Adieu, dulciné.
Ressens mes souffrances, comprends mon désarroi.
Folle passion, à foison m'enchaîne à toi,
Me consume et me maintient envoûté.

Ne suis pas insensible à ton cœur meurtri.
Je ne dédaigne point tes missives acerbes
Ni refuse volontairement à t'écrire.
Pour dire mes sentiments secrets, je me fie
À ma chère éloquence et à mon noble verbe;
Ma plume, hélas ne parvient à les décrire.

Tu relègues tel un vilain flirt passager,
Notre idylle, tu appèles amour premier.
Ton second amour semble s'annoncer bien sûr.
Tu réveilles doute, rends l'avenir obscur.
Tu as beau juré de m'aimer sans défaillance,
Mais, chérie tu n'as guère aucune confiance
Ni en toi, ni en moi, ni dans notre futur.

Dis-le-moi comment pourrai-je outrepasser
Ta paternelle dominante volonté?
Dois-je me résigner à seulement te voir
Furtivement dans le crépuscule du soir,
Et me contenter de causeries dans le noir,
En tapinois chez toi, sans pouvoir t'admirer?

Rongé par tant de cruciales questions,
Je ne conçois point de meilleure solution:
Laissons sommeiller notre chère passion fraiche
Comme un torrent durant la longue saison sèche.
Attendons pour son réveil, le jour viendra,

Que l'eau du ciel salutaire tombera.

Je n'adhère point à tes cinglants jugements:
Tu me trouves orgueilleux, menteur, vaniteux;
T'opines que je me suis comporté lâchement;
Ah! Des propos venimeux pour ton amoureux.

Il est certes immortel mon amour pour toi;
Mais il se meurt subtilement le tien pour moi.

09/02/1968 Révisé en avril 2020.

Un torrent qui dort peut représenter notre amour. Il se réveille et rugit quand l'eau du ciel tombera.

REVEIL D'AMOUR

(À Lise)

L'affreux sommeil ayant submergé notre amour,
Les ténèbres lugubres depuis lors pèsent lourd
Sur les soirées tristes, d'étoiles dépourvues;
La moche lune, toute sa splendeur perdue,
Brille fébrilement, demeure inaperçue.

Ce soir enfin, lumière et joie sont revenues.
Toi et moi, des étoiles, sommes devenus;
Bonheur retrouvé, nous scintillons fièrement.
Notre amour s'est réveillé triomphalement.

Émulant notre astre nocturne, clairement,
Nous propageons une douce lumière,
Nos cœurs enchantés ramènent la vie sur terre,
De la longue torpeur, réveillent l'univers.

Suivent les étoiles, pourtant si orgueilleuses,
Admirant notre illumination joyeuse,
Se joignent au réveil, égaient le firmament.
Les merveilles du ciel sont en frénésie!
La lune réhaussée de ses reflets d'argent,
Étend son doux voile sur les tristes nuits.

D'un déluge vital, nous fumes arrosés;
Avec sa furie, le torrent s'est réveillée,
Notre amour à nouveau, de tous ses feux rayonne.
Notre arbre majestueux aussi rebourgeonne;
Sa magnificence, a fièrement repris;
Et toujours il demeurera vert et fleuri.

Ce réveil, nous l'avons scellé par des baisers
Suaves et passionnants, nos corps enlacés,

Oui nous l'avons tant fêté somptueusement.

Lise, nous nous sommes promis sincèrement;
De ne plus nous quitter, nous unir à jamais
Nous avons juré de mettre a fin nos projets,
Nous abandonner l'un à l'autre pleinement,
Et nous investir dans notre parfait bonheur,
Pour bâtir notre bel avenir enchanteur.

Août 1968. Révisé en mai 2020

Notre amour est comparable à un chêne. Quoi qu'il ait perdu ses feuilles au passage des vents violents, ses racines profondes le retiennent jusqu'à ce que l'orage s'apaise. Il rebourgeonnera et regagnera sa splendeur et sa magnificence.

ABANDON

Les amants subsistent grâce à leur passion;
Ils ne peuvent pas vivre éloignés constamment,
La solitude, source de leur scission.

Je me suis résolu à vivre loin de toi,
À t'excuser de ton lugubre éloignement.
Douloureuse amertume a eu raison de moi.

Soudain tes pleurs, tes émois ne m'atteignent guère;
Tes douleurs aigues ne me font plus vaciller,
Froidement, je m'en balance sans sourciller.
Auprès d'une autre jeune, charmante, légère …
Je reprends vie, redeviens joyeux; je l'aime…

Quelle attitude désintéressée extrême
Pour celle j'ai cru adorer, juré aimer!
La renier et dans d'autres bras me jeter!
Je ne t'ai jamais aimée; je ne t'aime pas…

Dois-je t'abandonner seule dans ton trépas,
Sans un mot d'adieu, te quittant lâchement?
Après t'avoir trompée, volé ton jeune cœur,
Je ne saurais, sans mot dire, fuir ta rancœur,
Pour un peu apaiser ton immense douleur.
Un crime, j'ai commis, m'être servi de toi,
Froidement, je te quitte souffrant et m'aimant.

Juin 1968; Révisé en mai 2020

CE QUI RESTE D'UN AMOUR
(Post mortem)

Pourquoi, ô mon Dieu, sont-elles éphémères
Les amours des humains? Pitoyables chimères!
Nous parvenons uniquement à nous aimer
Durant leur existence brève et limitée?

Dieu d'amour, protège les amants déçus.
Guide-moi, mon Seigneur, souffrant, je t'en supplie.
Éclaire mon soleil, chasse l'absurde ennui,
De mes amours brisées et mes espoirs perdus.

Non, il est éternel, le vrai et grand amour.
Pourquoi ne m'a-t-il pas embrasé à mon tour?
A-t-il atteint mon cœur? M'en suis-je mal servi?

J'ai déniché celle qui m'aime pour la vie.
J'ai joué à l'amant grisé de passion.
Aurais-je dû m'abandonner à sa dévotion?

Ne requiert pas d'efforts, ce grand sentiment,
S'accueille et croît par pur épanchement.

Je n'ai pas cru trouver cet amour consacré;
Mais toi la naïve, tu fus persuadée.
De ta générosité, j'en ai profité.

Je ne t'aime pas, Lise, je te le redis.
Pourtant je t'ai chanté ma vile tromperie.

Ton cœur, tes lèvres, tout… tu me les as offerts
Je les ai acceptés sans les mériter, chère.
Vol honteux! J'ai ravi le cœur, les lèvres, tout…
D'une ingénue veule, livrée à mon courroux!

Scélérat que je fus! Une âme j'ai volée!
Son innocente vie hélas dilapidée!

Ô l'Éternel! Punis Ton fils, cruel félon!
Nulle absolution ne peut m'être accordée!
Quel sera mon châtiment? Fais-moi point tarder.
L'attente torture plus que les sanctions.

Chatiment sera dure, atroce! Je consens.
Peine sévère, même le bagne m'attend.

Cet amour déshonoré chancelant mourut!
De ces projets merveilleux, dans la joie, perçus
Seul ton grand amour pour moi en a survécu.

Août 1968; Révisé en octobre 2020.

Notre amour s'est laissé vaincre. Je ne sais si comme Ulysse, il saura surmonter l'obstacle de ses redoutables adversaires.

L'ODYSSEE D'EDY

Un si beau roman d'amour, gage de bonheur,
Pubère, grotesquement j'ai abandonné.
Lise se sacrifia pour conquérir mon cœur
Avec ardeur, m'a profusément gratifié
De mes originels voluptueux baisers

J'ai meurtri le cœur de Lise, la pionnière
J'ai répudié froidement son amour sincère
Pourtant elle bravait pires dangers austères,
Pour notre relation, défia son père,

Emulant les jeunes névrosés de mon âge,
J'ai préféré, moi, le simple d'esprit volage
Les amours éphémères, le libertinage.

Fier tel un paon, j'entamai mon long voyage.
Un chemin rocailleux et d'embuches rempli,
À l'aube de la vie, sans pitié m'accueillit.

Les rudes épreuves très tôt me façonnèrent,
Elles brisèrent mon puéril caractère.

L'absence de Lise créa un vide immense;
Fossé inévitable ne se combla guère;
J'ai œuvré pour suppléer à cette carence;
J'ai cru maintes fois retrouver ma dulcinée,
Me butai à des revers et des dissidences.

Mon navire vacillant, tempêtes brava;
Les dangereuses mers houleuses, affronta.
Par des tâtonnements, bizarres gaucheries,
Fondai famille, fier de ma dynastie;
Mis fin à pénible carrière en dents de scie,

Promenant ma bosse sous des cieux variés.
Tout m'exhorta à rechercher ma dulcinée.

La fleur délicate et fragile survécut
A l'indigne rupture imposée malgré elle.
Ce papillon tardant à s'éclore et perdu,
Ne sachant pas trop comment déployer ses ailes,
Butina sans boussole, trouva son chemin.

Dans un monde d'hommes sans mercis, inhumain
Âprement gravit échelons, sculpta sa vie
Exceptionnelle d'une femme accomplie.

Patiemment, elle tissa sa toile admirable,
Atteint des sommets insoupçonnés mais palpables.
Les échecs ont pétri sa ferveur intraitable,
Se révéla une force de la nature,
Bâtit sa famille unie dans le don de soi,
S'enorgueillit de sa noble progéniture

L'odyssée persista cinq longues décennies,
Se termine dans l'apothéose inouïe
De ces retrouvailles débordantes de joie.
Sereinement dans son sein, elle me reçoit.

Lise, alléchante déesse des plus charmante,
Longues jambes fines, et lèvres aguichantes.

J'emporte la braise pour raviver la flamme.
Nous nous harmonisons à nouveau corps et âmes,
Employons à consolider la destinée
Merveilleuse, le Très-Haut nous a consacrée.

Juillet - novembre 2020

PARDONNE-MOI, LISE

Pardonne-moi, Lise, des torts irréparables,
Sans scrupule, causés à toi impunément.
Je t'en supplie, pardonne-moi pour les tourments,
Qui ont rendu ta vie heureuse, misérable.

Dis, pardonne-moi pour les espoirs envolés
Les reves détruits, les promesses brisées,

Pardonne-moi pour tes journées de solitude.
Les souffrances et les humiliations,
Et la plus abjecte des séparations,
Porteuse de trop nombreuses vicissitudes.

Je confesse : je t'ai jetée dans les tourments
Et je t'y ai abandonnée ignoblement,
J'ai causé des blessures à ton âme meurtrie

Délivre-moi de cette culpabilité,
Elle me torture dans ma mélancolie;
Protégeons notre vie d'amour illimité.

Mars 2021

NOTRE VIE DANS L'APOTHÉOSE

Oh! Les dieux me comblent de félicité!
Ma dulcinée, blottie dans mes bras, frémissant,
Se réjouit d'accueillir la nouvelle année,
Dans la douce euphorie d'un amour florissant.
Je me délecte de sentir vibrer mon âme,
Enchaînée par la perfection faite femme.

À quinze ans dans notre allégresse je l'ai su;
L'ai pressenti dans mon tendre cœur tout ému!
Corps sublime de la marabout épatante,
Délirante sensualité palpitante,
Fleur non éclose sertie dans son bel écrin,
Contemplait de nous épanouir à dessein.

Complète admiration, suis envahi
Pour mon Premier Amour. Le sage le dit :
Aimer c'est d'abord la fierté ressentie,
En contemplant, en pensant à l'être chéri

Ma fierté infinie n'est point bornée,
Car Lise incarne l'excellence dominée,
Et s'est haussée sur des sommets insoupçonnés.

En ruminant ses projets majeurs d'avenir,
Elle me pensait hors de son point de mire.
Et pourtant je m'évertue à la séduire,
Me jette à ses pieds, ma flamme fais luire.

De mon cœur, devenue reine certifiée,
Elle me stimule à toujours me surpasser.
Couronnée d'étonnants succès, sera ma vie,
Aux côtés de ma dulcinée, de grands défis.

Une joie immense envahit mon cœur ravi.
Elle acquiesce mes béates rêveries,
Me choisit pour mari et s'engage, obligée,
Avec moi sur l'odieux chemin escarpé.
Elle se projette, confiance totale,
Dans les merveilles de notre vie conjugale.

Quel plaisir immense, jouir du bien-être
Faire d'elle l'héritière de mon être,
De mon cœur sincère, de ma vie entière !
Que je t'adore, ma chère pionnière!

Février 2021

Note de Lise

Ce Premier amour qui perdure toujours,
Ce n'est pas donné, c'est de Dieu une grâce!

Février 2021

Chapitre 3

LES ANNÉES À LA « JACQUES PRÉVERT »

Je fus marqué durant une longue période de mon adolescence par ce grand tribun français. Je l'émulais. J'imitais son style! Je parlais à la Prévert lors de mes rencontres littéraires avec les frères Guiteau, mes amis au collège. Mes poèmes de ce chapitre ont été écrits durant cette période, laquelle a duré trois années au moins. J'aime le badinage de Prévert et son style direct et court, surtout ses descriptions exquises et imagées. Les voici mes poèmes de mon expérience littéraire de disciple de Prévert.

FEMME (ou : **Le Tap-Tap**[8])

Elle entre
Son charme aussi
''Bonjour''
Emplit le Tap-Tap
Son joli visage
Accroche tous les yeux.
Un vieux soldat ridé
S'envole aux anges
Elle offre son dos
À mes regards brûlants
Magnifique!
Bain de Pétrarque!
...
Elle descend
Avec sa grâce, hélas!
Fluette
Yeux de tire-lire
Emportant toute joie
Et le vieux soldat pense :
Ah! Beau notre soleil!
Moi
Je me remets dans ma rêverie.

3 au 12 juillet 1971

[8] Petit véhicule de transport passager très coloré)

DESCRIPTION D'UNE CÉRÉMONIE FUNÉRAIRE

Ceux qui pleurent
Ceux qui crient
Ceux qui murmurent
Ceux qui bourdonnent
Ceux qui mugissent
Ceux qui grognent
Ceux qui rugissent
Ceux qui hennissent
Ceux qui bêlent
Ceux qui aboient
Ceux qui jettent de petits cris semblables au tut-tut des navires

Ceux qui pleurent pour pleurer
Ceux qui pleurent pour rien
Ceux qui ne veulent pas pleurer
Ceux qui s'empêchent de pleurer
Ceux qui évitent des pleurs
Ceux qui fuient les pleurs
Ceux qui auraient pu pleurer
Ceux qui voudraient pleurer
Ceux qui s'efforcent de pleurer
Ceux qui pleurent par obligation
Ceux qui pleurent pour les autres
Ceux qui pleurent pour s'attirer de l'amitié ou de la pitié

Ceux qui ne savent pas pleurer
Ceux qui ne savent pas pourquoi pleurer
Ceux qui ne savent pas ce que c'est pleurer
Ceux qui ne savent pas s'ils pleurent ou pas
Ceux qui mémorisent des formules de sympathie
Ceux qui ruminent un discours
Ceux qui pleurent pour un pantalon, une robe ou même un…

Ceux qui pleurent en riant
Ceux qui rient en pleurant
Ceux qui ont les yeux rougis
Ceux qui les ont remplis de larmes
Ceux qui ont les larmes qui coulent avec le maquillage
Ceux qui se frottent les yeux
Ceux qui s'essuient les yeux
Ceux qui ne se les essuient pas
Ceux qui ont des mouchoirs blancs
Ceux qui les ont beiges ou gris ou … rouges
Ceux qui les ont sales, souillent leur visage en un masque hideux.

Ceux qui pleurent élégamment
Ceux qui sont vilains
Ceux qui font peur
Ceux qui plaisent
Ceux qui sont charmants
Ceux qui recherchent le charme sous les pleurs
Ceux qui tombent amoureux

Ceux qui ressentent une vive douleur
Ceux qui ne savent pas ce qu'est la douleur
Ceux qui chantent la séparation
Ceux qui la maudissent
Ceux qui pleurent non ce mort, plutôt un souvenir douloureux

Ceux qui prient pour ce mort
Ceux qui prient ce mort
Ceux qui le canonisent
Ceux qui l'injurient
Ceux qui étudient l'emplacement du mort
Reviendront le dépouiller de ses objets précieux ou relever son zombi

Ceux qui rient des autres
Ceux qui rient d'eux-mêmes

Ceux qui observent les gestes des autres
Ceux qui les parodient
Ceux qui les parodieront
Ceux qui s'émeuvent du spectacle des tristesses, des émotions

Ceux qui peinent à marcher
Ceux qui ne peuvent pas marcher
Ceux qui ont des cors aux pieds
Ceux qui étrennent des souliers neufs
Ceux qui portent des souliers empruntés
Ceux qui ont mal au pied, au ventre, à la tête…

Quel parti prendre?
Je ne sais que faire
Je ris et je pleure
La belle! Pleure pas!
T'as perdu ton fiancé?
Refais ta vie
Tous les morts ont tort
Remplace-le
Je suis là t'implorant
Tu ne me veux pas?

Nov 70 – Janv. 1971

RÊVE

Je revois ton galbe séduisant,
Je rêve de nos délectations;
Je médite tes promesses d'amour,
Tes chaleureux soupirs.
Je m'imagine dans tes bras,
Couvert de tes délicieux baisers,
Tes baisers si envoûtants.
Je subodore tes douces caresses,
Tes caresses si suaves.
Je désire encore ces concupiscences,
Ces élans de tendre sensualité;
Je fantasme d'atteindre le Nirvana.
Oh! La! La!

Janvier 70, révisé Octobre 2019

ATTENTE

Humidité!
Gouttelettes perlent les feuilles.
Fraîcheur de pluie!
Il vient de mouiller.

Chants de cigales!
Croassement, miaulements,
Jacassements, aboiements…
De la ferme,
Les amoureux frisquets
Se sont donnés rendez-vous!
Chaleur, romance convoitée.

S'abstiennent les oiseaux
Aux douces mélodies!

Humidité!
Triste ciel sans lune!

Où es-tu Lune?
Où donc se trouves-tu?
Ne t'en va pas, Lune.
Tu nous prives de nos compagnes,
Nous, les mal-aimés.
Les amoureux déçus, déchus.

Solitude!
Nous attendons!
Moi, j'éprouve même une joie,
Cette joie que d'attendre,
Sans espoir qu'elle ne vienne!

Vaine attente!

Mais, j'attendrai!
Jusqu'à ce que la lune se montre.
Elle seule sans faute,
Peut me la ramener!

30 juillet 69, revu mars 21.

ADIEU

Tu boudes à rompre tes joues charnues savoureuses!
Je mâche tel un automate,
Une gomme sans saveur.
Mon cœur regorge d'amour pour toi;
Je m'excite par tes charmes
Et mes yeux ne peuvent se décoller
De tes lèvres séduisantes…
Hélas, tu me dépose;
Tu n'veux plus de moi!
Un délire!
Et je m'en vais, larmes aux yeux
L'angoisse au cœur.

29 Jan. 71, revu mars 21.

Chapitre 4

HYMNE AUX FEMMES AU FIL DES ANS

Les femmes ont une présence constante dans ma vie. J'ai développé des liens d'amitié sincères avec des femmes exemplaires (voir Annexe I). Le plus ancien poème, que je retrouve, « Petite Fleur » présente le jeune homme adorant et chantant une belle fille. Mais hélas sa grande déception de n'avoir pu la séduire. Un peu à la Durand[9] dans « Choucoune ». Le voyage se poursuivit et se termina avec « Mon Présent Inespéré », en alexandrin, le style de prédilection du poète classique que je demeure.

« Si je peux...
Si je peux être la cause d'un seul rayon de soleil dans la vie d'un autre.
Si je peux sécher ne serait-ce qu'une larme des yeux d'un être humain.
Si je peux planter au cœur d'un jeune confus le sens de la justice de l'amour de la vérité et de la beauté.
Si je chasse de mon esprit, le doute et la crainte pour y semer lumière, espérance et joie.
Si je peux être la cause de plus de joie, plus d'espérance, moins de peine.
Si dans ma vie, je peux planter un arbre dans l'ombre duquel les gens fatigués peuvent profiter de sa fraicheur pour se se reposer,
Je n'aurai pas vécu en vain ici-bas... »

(auteur inconnu)

[9] Écrivain et poète Haïtien Oswald Durand.

PETITE FLEUR

La foudre s'est abattue sur moi,
Dès notre contact anodin;
Dans mon cœur amoureux en émoi,
Règne pour toi ce sentiment divin.

Petite fleur, je t'aime à la folie,
Ton charme, ta beauté me séduisent,
Ta pureté, ta candeur me ravissent.

La splendeur de tes pétales fragiles,
Telles des ailes de papillons agiles,
M'éblouit; toi seule je vois et admire

Ton pollen soyeux, ton doux parfum
Pénètrent en moi profondément

Tes halos se diffusent délicatement,
Telle la douce clarté de pleine lune,
Perle rutilante sertie dans son écrin.

La rosée à l'aurore te rafraîchit,
Ton calice ouvert miroite le soleil,
Émet mille reflets tel un diamant.

Tu flirtes avec le colibri multicolore,
Lui offres ton nectar savoureux, nourrissant;
Tu n'as d'yeux que pour son plumage.

Cette petite fleur volante, ravissante
Perfectionne l'art de s'immobiliser
Pour t'embrasser en plein vol plané

Tu me tournes le dos, Vénus de mes rêves,

Je n'ai point les atouts pour te séduire;
Je croupis esseulé, attristé, sans recours.

Mon intelligence, mon savoir, ma sagesse
N'ont point réussi à t'émouvoir, ma déesse.
Elle prend grand plaisir à pavaner ses attraits.

Ah! Je voudrais tant attirer ton doux regard;
Gagner ton amour me serait valorisant,
Mais ton cœur, consacré aux adonis pédants,
Ne me voue aucune pitié, aucun égard.

Peu de lunes ont embrasé le firmament.
Tes pétales flétrissent, tombent desséchés.
Ces oiseaux de malheur, ces amants meurtriers,
Ont sucé ton nectar, ta sève, puis ton sang.

Témoin impuissant de ta fin, petite fleur,
Je ne puis ranimer tes pétales en pleurs,
Ni ta tige émincée se tordant de douleur.

Ma détresse, mes larmes, mes supplications,
Ne m'ont point épargné ce dénouement cruel.
Seul l'Amour en prêtant oreille à mes appels,
Aurait pu combler mes demandes, mes questions.

Juillet 1967 Remanié en Janvier 2019

TIMIDITÉ

Les grands amours s'acquièrent-ils
Tels des coups de foudre, soudainement?
Non! Précieux don des dieux, ce divin sentiment
Ne saurait naître d'un bref battement de cils.
L'amour s'épanouit dans le cœur entiché,
Qui s'applique à l'enrichir, à le fortifier.

De longues heures je me suis évertué
À t'admirer avec des yeux bien réservés,
Puis avec toi longuement dialoguer,
Une agréable et sincère amitié.

J'ai appris à danser avec toi galamment:
Sensualité, délicatesse s'imposant;
Ton corps voluptueux j'adore follement.
Observant fièrement un silence complet,
Mon cœur amoureux languit, ému et discret.

De ma folle passion, je garde le silence;
J'en éprouve constamment un plaisir immense.
Semble me réjouir de mon amour circonspect.

Ne parviendrais-je jamais à déclamer
Ma flamme étouffée, mon sentiment éclipsé?
Arriverais-je enfin à te le confesser?
Je ne sais pas…
Je ne peux pas…
Tu m'as certes confié tes désirs d'être aimée,
Ton cœur, assoiffé de sublimes épanchements,
Espère se griser dans des liens fascinants.
J'en suis épouvanté, demeure bouche bée.

Mon verbe m'a délaissé lamentablement;

Mon éloquence, ma fierté, en font autant;
Ma langue s'alourdit, figée complètement.
Transi de froid, immobile j'ai l'air d'un sot,
Des sanglots me serrent la gorge, pas un mot;
Marmonnant et nerveux, me sens mourir, j'ai mal,
Ah! Mes insoutenables spasmes viscéraux;
Mon pauvre cœur souffrant, à se rompre s'emballe.

Ma passion morbide dévaste mon courage,
Engloutit toute velléité sans retour;
Elle communique; mystérieux langage,
Serti de balbutiements et de soupirs sourds
Et incrusté de ses nombreux petits détours.

Juin 69, révisé Octobre 2019

TOI

Mon âme a une soif amère
Depuis des jours;
Aucun breuvage ne sut la désaltérer.
Mon cœur a une faim austère;
Est-ce pour toujours,
Nul mets ne put le rassasier.
Toi seule ma chérie
Satisferas à leurs appétits.

23 mai 1970 revu septembre 2019

CE PETIT MOT

Inspirée, soudaine pulsion;
Conquise, ta plume frémit,
Candide me surprend, transcrit
Mot anodin d'amour rempli,
Enivre mon cœur de passion.

Simple petit mot, la tendresse.
Fortes émotions exprimées
Me comblent de félicité,
Me précipitent dans l'ivresse.

Il retentit, m'abasourdit,
M'envahit, un profond délire.
Seul, je trémousse dans mon lit
Ne parviens point à m'endormir.

Chéri, petit mot exprimé,
Allègrement à moi fredonné.
Réjouis-toi de ta dulcinée,
Séduite, son cœur s'abandonne,
Partage ses secrets intimes.
À ma portée la chère cime.

22 Juillet - 10 août 2019

DANIE

Lèvres savoureuses,
Délices charnues qui m'inspirent.
Yeux doucereux,
Plaisirs de chauds regards.
Oh! Seduction!

Charmes fascinants,
Sourires éclatants
Amour et volupté
Oh! Mon cœur!

Admirable couche plastique. Ah!
Alléchantes concupiscences!
J'aspire envoûté à ce bonheur immense.
Hélas! Ton cœur…

Et ma lyre tarie,
Et mon cœur enchanté!
J'explose…

Tu me hantes
Toi adorable Quisquéyenne!
Diamant aux milles reflets
De La Perle des Antilles!

De sensibles caresses
Tu frémirais sous mes étreintes d'amour
Ton galbe merveilleux dans mon gosier noyé,
M'étranglerait.
Oh! Magie!

On se tordrait!
On se mordrait!

Oh! Désirs insatiables!

Février 1972, revu mars 2021

MON PRÉSENT INESPÉRÉ

Mes rêves romantiques, souvent impossibles,
En symbiose se fusionnent au bonheur.
Ma vie gratifiée de secrètes faveurs
Présumées hors de ma portée, inaccessibles.

Cette Noël m'octroie le présent convoité :
Charmante payse aux nombreuses qualités,
Silhouette menue, délicate et galbée,
Sur de longues jambes exquises, alignées.

Corps souple frétille et virevolte, emporté
Par le rythme de meringues endiablées,
De valses lascives, de tangos saccadés,
S'abandonne, le corps et l'âme apprivoisés.

Doux regard des yeux chocolat scintillants,
Flottant dans un nid d'amande blanche étirée.
Pommettes sensuelles, demis cœurs encadrant
Lèvres larges, aguichantes et veloutées.

Grand sourire charmant, enjoué, permanent,
Transmet joie de vivre et déborde d'amour;
Esprit vif, communique si allègrement,
Verbe riche, causeries abondent d'humour.

Envoûté, je rêve de futur enchanté,
Mon précieux don du Ciel, toi l'inespérée.

24 décembre 2018

Chapitre 5

RÊVES DIVERS

Je suis un grand rêveur. Mon imagination est puissante. Elle alimente mes rêves le plus fous. Le poème type du chapitre --Le Centaure Ailé— s'inscrit dans mes élans fréquents dans des espaces fantasmagoriques (Quel mot!). Un merveilleux tableau de l'artiste-peintre m'a ébloui. Je l'admirais et soudain je me suis mis à écrire mes fantasmes. Je le partage avec mes lecteurs.

Je suis un optimiste et je choisis d'être heureux (présomptueux!). Le deuxième poème du chapitre révèle le jeune homme que je fus et l'homme mûr d'aujourd'hui. Je suis bien imbu de mes talents et de mes facilités à m'attirer l'attention du sexe opposé. Je me détends dans les eaux de toutes les mers, même en janvier à Miami! --Brrr-- J'aime me régaler de bonne bouffe (voir Annexe II) au risque de me rendre malade! Je choisis la joie et le bonheur à tous les instants.

LE CENTAURE AILÉ

(À Hervé Lebreton)

Je savoure ravi :
L'artiste m'éblouit.
Poignante vérité!
Yeux d'amandes arquées,
Cils longs et grandioses,
Sublime virtuose.

Chevelure brillante,
Des boucles nonchalantes
Frôlent la peau luisante.

Ce regard envoûtant
Me glace nerfs et sang,
Me fixe constamment.

Silhouette élancée,
Du cadre se décolle,
Pour prendre son envol,
De sa prison dorée.

Mon beau prince Apollon,
Accours, libère-moi.
Tes feux, avec émoi,
Mes chaînes briseront.

Sa muse décampée,
La fresque de l'artiste
Revêt un air si triste,
Le corset argenté
Évidé, effondré.

Suis-moi mon Amoureux;

Au Nirvana, hâtons,
Au jardin merveilleux,
Présent de Cupidon.

Léger charmant prodige,
Tu flottes, me diriges
Poursuis-moi Apollon
Va, fie-toi à tes dons.

Centaure je deviens;
Je traverse chemins,
Montagnes, champs, ravins…

À force d'admirer
Tes lèvres envoûtantes,
Parviens à déployer
Grandes ailes puissantes.
Je survole torrents,
Rapides, océans.

Apollon, tes efforts
Nous mènent au bon port.
Quel émouvant prélude!
Notre béatitude!

Courageux, je gravis
Obstacles périlleux;
Puise mon énergie,
Des galbes généreux.

But atteint, mon sauveur.
Miracle de ta foi,
Ta confiance en soi,
Tes épiques labeurs.

Sèche larmes de joie,
Trahissant ton bonheur;
Évite avec effroi,
De diluer couleurs,
Peintes avec émoi.

La finesse s'impose,
Mon héros surtout n'ose :
M'attraper, me serrer
Dans tes grands bras musclés
Et mon support froisser.

Prends garde d'altérer
Mes lascives rondeurs,
De ne point écailler
Les strates de couleurs,
Déposées avec art.
Suis leurre ou cauchemar,
Créée par un rêveur.

Heureuse enfin, blottie,
Et tendrement bercée,
Dans le ferme cosy
De tes mains accolées.

Mon sauveur m'a conquise,
Félicité promise.
Tes nuits j'éclairerai,
Ton âme nourrirai,
Tes peines chasserai.

Tout ce parfait bonheur,
Me suffoque le cœur.
Paniqué me réveille,
De ces rêves vermeils.

La muse rayonnante
Aux lèvres rutilantes,
Donne vie rehaussant
Le chef d'œuvre éclatant.

Nul ne peut s'octroyer
Du charme, la beauté,
Joyaux de l'univers,
Tous adorent, vénèrent

22 Juillet 2018

L'HOMME HEUREUX

Allez mes frères, mes amis,
Partager dans tous les pays,
Qui s'étendent de l'Orient,
Aux deux Pôles, à l'Occident
L'allègre nouvelle : sous nos cieux,
Vit un homme heureux!

Ô braves gens autour du monde!
Acclamez sur toutes les ondes,
L'étonnant succès de cet homme, adroit
À ravir les secrets de la joie !

Taisez, prophètes de malheurs;
Il ne connait nulle détresse.
Troubadours, avec allégresse
Célébrez son parfait bonheur!

Ô prêtres, yogis, sages!
Faux est votre antique présage,
Que ne sera jamais heureux
Aucun humain sous ces cieux,
Car ce grand homme, c'est moi!

On me louange, on m'encense,
On me célèbre, on me prône.
Les femmes éprises, dans leur démence,
Me consacrent tout un grand trône
Me font sans relâche la cour,
Me vouent leurs éternelles amours.

Grâce, talents, dons et génie,
Tout m'enchante, tout me sourit.
Santé, richesse et volupté

Atouts de ma félicité.

Allez mes frères, mes amis
Partager dans tous les pays
Cette merveille inouïe :
Parmi nous vit un homme heureux!
Et ce grand homme, c'est moi!

Déc 1968 – Janv. 69

HOMMES

Frères prenons garde! Nous sommes investis
De tâches ingrates et de très grands défis.
Nous avons hérité des infâmes travaux
Endurons épreuves, souffrances et fléaux.
Portons sur nos épaules nues, endolories,
Fardeaux et chaos de cette cruelle vie

Nous devons, les femmes copieusement nourrir,
Loger dans des châteaux, somptueusement vêtir,
Sans relâche gâter et leur faire plaisir.

Nous sommes des femmes les esclaves damnés.
Indignes et mauvais maris sommes statués,
Si un jour la fortune nous tourne le dos.
Vite, elles nous accusent des plus injustes maux,
Si jamais nous ne possédons plus les richesses,
Pour les galvauder en incessantes largesses.

Les femmes en retour nous vouent que du mépris.
Respect et obéissance anéanties,
Ces sorcières versent dans l'infidélité,
Deviennent par magie soumises à leurs chéris.
Demeurons dupes de nos chères protégées.

Quand les trahisons se répètent à profusion,
À de mesures austères nous nous exposons.
Pour regagner la paix, les gâter consentons.
Lâches, nous constituons le sexe hideux,
Nul ne le nie, nous sommes le plus faible de deux.

Et si rigoureusement nous réagissons,
Pour l'amant, elles ne tardent à nous délaisser.
Ô malheur! À leurs pieds nous allons nous jeter,

Les flatter encore, leur jurer totale adoration,
Sans trop réfléchir aux lendemains attristés.

De nos foyers détruits, ne sommes plus patrons.
Sans succès, essayons de garder le timon.
Les chefs de famille sont à jamais déchus.
Faibles, nous observons les femmes se vanter,
De s'être accaparé de pouvoirs absolus,
Se plaisent à nous commander, nous diriger.

Elles ont envahi tous nos domaines exclusifs :
Science et politique nos fiertés jadis,
Sont victimes de leur ingérence hardie.

Étant la première création, nous avons
Sacrifié notre côte pour sa conception.
Privilèges d'aînés connurent extinction.
Contemplons impuissants la compagne agréable,
Se muer en tyran fière, impitoyable!

Janvier/Avril 1969

L'ÉBLOUI PERDU

Une rencontre fortuite.
Une apparition subite.
D'un regard fugace, la fuite!

D'elle se dégage quoi de si merveilleux,
De si envoûtant,
De si éblouissant,
Pour ainsi me mettre en feux.
Et ses grands yeux pétillants
Me séduisent tout en m'aveuglant.

Qui es-tu?
D'où viens-tu?
D'elle s'exhale quoi de si charmant,
Son clin d'œil souriant
Me fige, me rend inconscient.
Son simple regard fuyant
Me fait rêver ardemment.

Où suis-je?
Où vais-je?
Je bouge sans lever le pied.
Sans faire un pas, je lève le pied.
Je fais un pas sans marcher.
Je marche sans me déplacer.
Mais Dis! Je me déplace, dis-je.

Où vais-je?
Évaporé, accroché à elle,
Je talonne ses pas, déhanchements sensuels.
L'ange du démon m'a captivé.
Son sourire candide m'a ensorcelé.

Mais dis-moi.
Son beau sourire en un rictus hideux se mue.
Elle ricane, de mes rêves, s'exclut.
Mais pourquoi?
Pourquoi?
Dis-moi pourquoi?

Qui crie si fort
Dans mon oreille?
Un soldat du vieux fort
Hurlant sous le soleil?
Ou un marin du port
Vociférant sous mon œil?

Chauffards agressifs, bourrus,
Circulent bruyamment dans les rues,
Créent un vacarme fracassant,
Réveillent les honnêtes gens,
D'un sommeil bienfaisant,
D'un rêve passionnant.

Oh! Rêves purs d'amour!
Ô rêves si heureux!
Doux songes joyeux!.

Sept 68 révisé fév 72 et mai 2019

Chapitre 6

MYTHOLOGIE

La formation classique. Les mythologies gréco-latines m'ont grandement marqué. Des Dieux qui expliquent tout, y compris tous les sentiments humains. S'apparentent aux lois de notre vodou. Les histoires de l'Antiquité de l'Europe de l'Ouest furent aussi mémorisées avec soin.

Mes écrits reflètent la mainmise de la culture de l'Europe méditerranéenne durant ces années d' endoctrinement à la civilisation européenne que sont les études classiques.

Je présente ces poèmes à mes lecteurs.

LEVER DE SOLEIL

La lune argentée célèbre, crie « Victoire »;
Triomphe conquise sur le soleil éclipsé,
Assistée héroïquement par des soldats dévoués,
Les fidèles étoiles scintillantes;
Elle nous gratifie d'une douce lueur relaxante.

Mais gare à toi! Lune insouciante.
Jouis bien de ta victoire criante.
Ne suis pas ces illustres vainqueurs
Qui ne surent profiter des leurs.
Protège ton emprise vaillamment;
Méfie-toi de ton ennemi dominant.

Les coqs chantent. Mauvais présage!
Ils annoncent les premiers rayons du soleil,
Qui percent déjà à travers les nuages.
Prépare-toi à combattre avec courage.

Mais hélas! Trop tard! Chère lune étourdie.
Mes conseils salutaires tu n'as pas suivis,
Entraînant le fâcheux résultat que voici!

Résous-toi à déserter le champ de bataille.
Va, ne reste pas. Tu n'es point de taille.
Tes vaillantes troupes se voyant défaites,
Ont pris la poudre d'escampette,
Ne donnent plus aucun signe de vie.

Chère Lune, demain m'écouteras-tu?
Non, tu demeureras réfractaire, têtue,
Ne te souciant point de protéger ta survie.

Où est-il, ce guerrier téméraire,

Le vainqueur de l'armée lunaire?
Toujours caché, Il s'amuse royalement
À éclaircir délicatement le bleu du firmament
À répandre une fine teinte rose furtivement
S'étirant de l'Orient à l'Occident.

Les dernières étoiles obstinées
Abandonnent enfin la lutte, abjurent.
La voûte céleste se dérobe de ses obscurités
Revêt son magnifique manteau d'azur.

Le vainqueur montre son front éblouissant
Le monde s'éclaire, se réchauffe, renaît.
Ses yeux, grand ouverts proclament l'amour.
Un large sourire tendu aux oreilles,
Expose ses dents rutilantes, aveuglantes.

Il rit! Il rit de sa grandiose victoire,
De la fuite de son vainqueur vaincu.
Il nous apporte la lumière naturelle,
Illumine dans nos cœurs la vie, la joie.

La nature se joint à son rire.
Les arbres, en signe d'amitié,
Lui dressent leurs feuilles vertes.
Les rosiers et d'autres arbres fleurissants
En signe de reconnaissance,
Lui ouvrent les calices des fleurs.

Ce soir, il rejouera la comédie morose,
Laissera sa place aux rêveurs lunatiques;
Il la reprendra à l'aurore, dans l'apothéose,
Déroutant ce simple réflecteur romantique.

Mars-juin 1968; révisé en août 2020

NIKIE

Si tu existais à l'aurore de l'Univers,
Vénus n'aurait point été consacrée
Reine de beauté et sublime lumière;
Ni Artémise, désignée déesse de pureté.

Si Déméter, en créant la rose somptueuse,
Avait aperçu ta silhouette voluptueuse,
À ton image, il l'aurait fidèlement sculptée.

Si l'orgueilleux paon, au port altier,
Et au panache majestueux,
Qui se persuade et se pavane, le fier
D'être le plus gracieux,
Te rencontre dans ses parages,
De sa vue, il te chasserait fou de rage.

Aucun charme,
Aucune beauté,
Aucune pureté
Ne sont comparables aux tiens.

Des doigts féériques, raffinés,
T'ont minutieusement modelée;
À la perfection, ils t'ont burinée,
Produit la femme impeccable, rêvée.

As-tu été conçue et fécondée
Par Vénus et Artémise avec fierté?
Non! Jamais elles ne sauraient créer
Une beauté, un charme, une pureté
Bien supérieurs à leurs propres qualités.

Ont-elles en toi réussi à se réincarner?

Non! Tu leur es incomparable!
Elles ne pourraient jamais se regénérer
En une créature fort impeccable!

Qui est ton auguste créateur?
Jupiter, le Tout-Puissant Seigneur,
A sciemment façonné telle splendeur,
Pour finalement détrôner
Les déesses par Lui-même intronisées.

Il a retouché sa création parfaitement
Nous a gratifié pour notre ravissement,
D'un nouveau canon de beauté,
De charme et de pureté.

Août 68, révisé juin 2020

POURQUOI SE SACRIFIER DEUX FOIS?

L'Amour, ce cruel sacrifice!
Pourquoi s'adonner au crapuleux vice,
De prétendre aimer deux âmes,
Les courtiser, puis les persuader,
D'être chacune l'élue infâme
D'un bel amour utopique, simulé?

Ce sacrifice, on consent, le cœur séduit;
Au courtisan victorieux, on se lie,
S'abdiquant piteusement encore une fois,
S'abandonnant dans une idylle sans émoi.

Un sacrifice bien singulier;
Il procure immense joie,
Fausse Illusion de félicité.
Hélas de l'Amour on profane ainsi les lois,

Quand guidé par l'orgueil, la vanité,
On feint d'adorer deux cœurs,
Pour se combler de futilités,
On exhibe de l'insouciance des menteurs.

On ne doit point s'adonner
Aux chimères, aux plaisirs passagers,
Ni se moquer des nobles sentiments,
Ni de l'Amour, jouer impunément.
Évitons de profaner les valeurs sociales,
De commettre des légèretés nuisibles à la santé.

Une dulciné exclusive, aimée à la folie,
Satisfait nos pulsions, comble nos désirs.
Pour cultiver le bonheur toute notre vie,

Agréons de vivre en couple, de nous unir
Dans la chair et l'esprit.

Dieu, dans sa sagesse, reporte-t-on,
Consacre uniquement l'union
D'un couple ne commettant point d'adultère.
Ce mode de vie imposé à toute la création,
Le Très-Haut n'a modifié guère.

Émulons Jupiter lié à Junon,
Respectueux des lois de leur éternelle union.
Il n'a point courtisé, tel un dément,
L'exquise Venus dont il fut épris infiniment,
Et elle aussi l'aimait passionnément.

Rejetons tous, la luxure immorale
De nos faiblesses animales,
La débauche des rituelles familières
Et les vices des pratiques coutumières.

Optons pour les lois divines prônant
L'union légitime des couples bienheureux.
Le Très-Haut bénit le mariage des amoureux,
Se sacrifiant l'un à l'autre sincèrement,
Résolus à vivre enchaînés toujours
Dans les liens divins de l'Amour.

juillet 1968; révisé en juillet 2020

Chapitre 7

LA NAISSANCE MIRACULEUSE D'ÉMILIE

Deux poèmes qui figurent dans le roman du même nom : « La Naissance Miraculeuse d'Émilie ». Ils furent écrits pour décrire deux tableaux peints pour illustrer le thème (Dieu est la source du Savoir) et une action (l'évasion de l'enfer duvalérien par le médecin haïtien Étienne Durand) dans le roman.

LA FUITE DE DOC TI-VOVO

Un chapitre de mon roman prend vie,
Dans cette peinture d'anthologie.
L'artiste a capté les moindres nuances du roman;
Elle a campé fidèlement la luxuriante nature de Luly;
Ses personnages sont des plus touchants,
Ils nous parlent, ils étalent leurs sentiments.

Fier, l'âne hoche la tête, scrute l'horizon;
Il augmente la cadence de son trot;
Il transporte une précieuse cargaison
Qu'il doit protéger des multiples fléaux;
Jamais a-t-on vu un âne exécuter si fièrement
Sa mission de livrer son colis hâtivement.

Firmine, la fillette Lalo fait une prière
De sauver Doc Ti Vovo des griffes de Lucifer;
''Fie-toi à moi, le chemin vers la liberté
''Sera long et périlleux, mais du Très Haut protégé.''

La lune, parée de tous ses brillants,
Guide les pas de ma protectrice,
Ma meilleure patiente, ma libératrice;
''Tu as sauvé ma vie et celle de mon seul enfant,
''Tu vivras, Doc Ti Vovo'', elle me soupire, souriant.

Le clair-obscur de la nuit est violé soudainement
Ma maison, ma ferme et ma clinique
Sont devenues un brasier incandescent.
Destiné à être brûlé vif dans cet enfer diabolique.
J'ai échappé belle à ma mort, en cet instant fatidique.

Firmine, la 'fillette Lalo » autoritaire,
Jure d'épargner Ti Vovo des griffes de Lucifer;

‘‘Fie-toi à moi, le chemin vers la liberté
‘‘Sera long et périlleux, mais du Très Haut protégé.’’

En tenue de macoute, foulard rouge sang
Firmine lui tend le linge des paysans
‘‘Porte immédiatement cet accoutrement
‘‘Pantalons coupés aux genoux, chemise brodée
‘‘Et sandales rugueuses faites de pneus recyclés.
‘‘Tu te perdras dans la foule, ainsi dissimulé.’’

J’ai appris rapidement à m’installer
Dans le djakout, en position fœtale,
La tête appuyée sur mes genoux ankylosés.
Un curieux tintamarre me tient éveillé:
Les battements du cœur vigoureux de l’animal
Et le martèlement des sabots sur le sol compacté.
Je répète leur rythme militaire: klo tok boum,
Sonne telle une musique rustique: klo tok boum.
Solitaire dans mon cachot restreint, je m’en réjouis,
Communication heureuse avec toute forme de vie.

Firmine prend grand soin de ma précieuse guitare
Le cadeau de graduation de ma mère, un œuvre d’art.
‘‘Vous, les Durand, votre art et votre science font la paire.
‘‘Souviens toi, mon fils, de ton père
‘‘Paralysé et aveugle sur son lit de mort,
‘‘Il se levait soudainement ragaillardi.
‘‘Ce furent de rares sursis mystérieux de vie!
‘‘Il se mettait à peindre ses plus beaux tableaux sans effort!
‘‘Fiston, gratte les cordes de ta guitare pour la gloire;
‘‘Ses notes te guideront vers de grandes victoires.’’

Firmine, la fillette Lalo, s’est enrôlée,
Comme la plupart des macoutes modérés,
Pour sauver sa peau et protéger son foyer.

Bravant des écueils au risque de sa vie, elle réitère
Qu'elle va extirper Ti Vovo des griffes de Lucifer;
''Fie-toi à moi, la fuite vers la liberté
''Sera longue et périlleuse, mais du Très Haut protégée.''

Mars 2020

ÉCLIPSE DU SOLEIL
(The Eclipse of the Sun)

Ce chef d'œuvre merveilleux illustre
Les recherches infructueuses humaines,
À comprendre les mystères de l'univers,
Et à pénétrer les créations divines.
L'arbre du Savoir ne se laisse déchiffrer qu'en surface.

Nos développements scientifiques
Nous ont certes permis d'explorer
Les lois qui gouvernent notre planète bleue.
Nous avons créé et perfectionné notre habitat,
Avons maîtrisé la production de biens.

Nous avons bien développé des moyens
De communication rapides et efficaces.
Nous explorons fièrement l'espace
Que nous convoitons de conquérir.
Nos sciences médicales avec succès
Nous maintiennent jeunes, en santé,
Guérissent des maladies jadis incurables
Et repoussent notre espérance de vie.

Au centre du tableau l'artiste habilement
Campe avec précision l'Arbre du Savoir
Qui défie fièrement les talents humains.
Nous n'avons réussi hélas qu'à effleurer
De minuscules sites en surface de l'Arbre,
Lesquels nous célébrons en grandes pompes,
Nous motivant à poursuivre sans relâche
Nos recherches pour saisir les connaissances.

Le point brillant d'une blancheur irradiante,
Ce puits infini de lumières aveuglantes

Demeure l’Eclipse permanent du Soleil, du Savoir,
Toujours hors de portée des humains.
Nos acuités visuelles défaillantes
Et nos minables cerveaux déficients
Échouent dans nos recherches patientes
Pour élucider les secrets de l’Univers.

Janvier 2021

Chapitre 8

LES ÉLANS PATRIOTIQUES

À dix-sept ans, c'est le réveil aux réalités sociaux-politiques de ma terre natale. Les souffrances du peuple et le système d'exploitation économique des masses attirent mon attention. Les fondations de mes élans patriotiques sont posées. Le politicien en herbe est né. Ce poème est un témoignage de mes tâtonnements du début, corroborés encore aujourd'hui. Je sens toujours l'appel pour aider le genre humain.

FEMMES DE MON PAYS

Femmes de mon pays!
Si vous ne vous révoltez pas
Vous risquez de vous étouffer.

Femmes de mon pays!
C'est vous autres, qui durant les jours
De profanation de votre île sacrée,
Teniez haut le flambeau des Taïnos
Combattiez les envahisseurs,
Braviez leurs armes qui crachaient le feu et la mort.

C'est vous les héroïnes relevant le défi,
Teniez la barre des forts assiégés;
Vous époumoniez pour maintenir le moral,
Résistiez aux assauts furieux
Du haut de remparts fumants, ensanglantés.

Femmes de mon pays!
C'est vous autres, tous les jours,
Demeurez les moteurs de l'économie agricole
Qui se nourrit de vos sueurs et de votre sang
Que vous versez tout en mugissant votre hargne.

Vous produisez fruits et légumes,
Transportez les denrées sur vos têtes
Compressant votre épine dorsale,
Vous dévalez sentiers montagneux abrupts,
Courbées sous votre énorme fardeau,
Gardant à peine votre aplomb;
Vos orteils saignants devant sans cesse
S'agripper aux roches acérées, coupantes;
Par-dessus tout, repoussez brigands et malfaiteurs aux aguets.

Femmes… Femmes de mon pays!
Si vous ne vous révoltez pas,
Vous vous étoufferez.

Femmes de toutes douleurs de mon pays!
C'est vous autres, des jours et des nuits,
Êtes victimes de carnages barbares;
Une lame de rasoir aiguisée, une *« chandra »*
Charcute votre vagin, coupe un placenta,
Pour sacrifier, extirper dans une marée de sang,
Votre créature encore en vie, gigotant.
Vous endurez souffrances atroces,
Vos entrailles lamentablement ouvertes.

Femmes de mon pays!
C'est encore vous, les jours torrides,
Cuites par le soleil ardent,
Visage hideux, en décomposition,
Ventre aplati au dos, coquille de noix de coco vide,
Qui trépassez au bord des chemins brulants, poussiéreux.

Puis au crépuscule, affamées, assoiffées,
Les seins flasques, dégouttant d'eau de vie visqueuse,
Et se rabattant sur vos poitrines osseuses endolories,
Dans un dégoût abject, vous prodiguez
À ces gueux, ces abrutis d'hommes,
Du plaisir dans votre chair en lambeaux.
Vous les régalez piteusement du sang vicié de la misère
Femmes… Femmes de mon pays!
Si vous ne vous révoltez pas,
Vous vous effondrerez à bout de souffle, de sève.
Si'w pa rele, wa fout toufe san.[10]

1970, repris en janvier 2021.

---

[10] Si tu ne te révoltes pas, Tu vas sûrement t'étouffer dans ton propre sang.

ANNEXE I

Amitié entre hommes et femmes

« Des femmes peuvent très bien lier amitié avec un homme. Mais pour la maintenir, il faut peut-être le concours d'une petite antipathie physique.» (Nietzsche).

Cette pensée de Nietzsche est pour la moins négative au sujet des relations entre des personnes de sexe opposé. Elle véhicule l'idée qu'une femme qui a un physique ''sympathique'' ne saurait entretenir un lien d'amitié durable avec un homme. Parce qu'une femme charmante attirerait l'amour physique, donc les désirs (bassesse!) de l'homme pour obtenir des relations sexuelles avec elle à tout prix. L'homme étant essentiellement un prédateur (une autre idée de ce philosophe!), il va nécessairement s'emporter dans des rêves érotiques et détruire toute amitié pure.

Cette pensée semble pourtant faire école. Toutes les fois qu'un homme exprime son admiration pour une femme bénie par une très grande beauté, cet homme est imputé d'intentions sexuelles envers la femme. Il est donc courant de se voir accusé d'agressions sexuelles. Gare à ceux qui expriment des compliments et des commentaires élogieux envers une femme séduisante. Cette croyance, si populaire soit-elle, rabaisse l'homme à la dimension phallocratique, incapable de sentiments nobles.

Je ne partage pas du tout cette pensée. Elle me révolte même. Dès mon jeune âge, je n'ai jamais aimé Nietzsche. Ses écrits sur les relations entre hommes et femmes sont le plus souvent conçus selon le modèle des sociétés machistes, où il a vécu toute son enfance. Cette vision, je ne la partage pas du tout. Les hommes sont nés bons (Jean-Jacques Rousseau) avec les capacités divines d'aimer et de s'engager dans des relations d'amour, des relations saines avec les femmes.

Les hommes travaillent et côtoient des femmes charmantes à chaque instant, dans leur vie, qui au bureau, qui à l'église, qui dans les centres d'achats… Une très faible minorité commettent des transgressions. La société généralise et attribue tout travers dans le comportement d'une petite minorité, à tous les hommes. En réalité, la majorité des hommes sont des gentilshommes et la société est un modèle d'harmonie entre les sexes.

Je maintiens moi-même des relations amicales exemplaires avec des femmes exceptionelles qui ont marqué (et marquent encore) ma vie. Je peux affirmer que j'ai plus d'amies du sexe faible (a bas les féministes qui n'acceptent pas l'expression sexe faible!). J'avoue avoir bien des affinités avec elles, et surtout je suis un amoureux des femmes, oui de toutes et surtout des belles femmes.

Mes amies sont des bouquets de fleurs essentielles à ma survie. Quand je pense à Gwen par exemple, je vois des tulipes. Il y en a des verts menthe comme ses yeux, des rousses comme ses cheveux, des jaunes comme ses ailes d'oiseau sauvage en liberté... Elle abore aussi des bleues pour sa gentillesse et ses dons de communicatrice. Que dire de ses blanches pour sa dévotion à la spiritualité. Aucun sentiment ni pulsion sexuelle entre Gwen et moi. Nous avons une amitié sincère qui perdure durant bien des années.

Katia est un bouquet d'hibiscus que ne se fanent jamais. Il y en a des bleus comme la toge de Marie qu'elle vénère. Katia est une sainte femme, une maman au cœur chaud rempli d'amour. Elle projette des hibiscus grand ouverts comme son sourire charmant et ses grands yeux en amande, certains sont noirs comme sa chevelure d'ébène ou rouges rehaussés de noir comme ses lèvres. J'ai du plaisir à admirer mon amie Katia, toute en grâce et sensualité, chaussée de stilettos. Là s'arrête ma vision de mon amie, saine et pure amitié.

Nicole est un bouquet de fleurs soleil épanouies, avec son sourire permanent, qui irradie de la joie de vivre et sa chevelure blonde, qui flotte comme les pétales des fleurs. Elle me fait rêver de plages bleues comme ses yeux pétillants. Ses pétales s'ouvrent pour nous inviter dans un essaim de jouvence. Nicole me procure de la joie en suscitant des rêves merveilleux dans ma terre natale.

Maryse est un bouquet de violettes, sauvages et mystérieuses. Ses fleurs se font discrètes et préfèrent s'ouvrir pour le bonheur exclusif de ses meilleurs amis, incluant son Michou. Ses yeux pétillants vous surprennent et son sourire vous enchante subitement. Vous n'en croyez pas vos yeux, de découvrir sa séduction. Maryse vous conquiert comme seule elle sait le faire. Son leadership et son infatigabilité proverbiales la placent dans la lignée des grandes héroïnes de notre Histoire, telle Sanite. Non, je n'ai jamais imaginé, dans mes pires cauchemars, m'aventurer dans le chemin de l'irrespect envers Maryse. Je l'aime trop, mon amie.

Cocotte est un bouquet d'œillets, lesquels sont éternels et ravissants. Elles sont multicolores, ses fleurs. La majorité de œillets sont roses car tout est amour chez Cocotte. Mais il y en a aussi quelques jaunes pour sa dévotion au Christianisme et au Pape. On y retrouve des rouges pour ses belles lèvres sensuelles, des verts pour son optimisme à toute épreuve et bleus pour sa bonté proverbiale, des oranges en témoignage de son intelligence et de sa grande culture. Une sainte femme avec laquelle j'ai le bonheur de fraterniser. Loin de moi l'idée d'amener Cocotte dans mes fantasmes sexuels.

Je conclus que l'homme et la femme peuvent entretenir des liens d'amitié durable et sincère dans le respect. Je l'ai fait toute ma vie. J'aime la compagnie de belles femmes et je tire un plaisir immense à les admirer comme une belle fleur. Je loue Dieu pour sa création parfaite en présence d'une divinité faite femme.

Edy Laraque
19 mars 2018
Soleil D'Or Magazine, Mer 21 Mars 2018.

ANNEXE II

Le SADISME à la EDY LARAQUE
ou MALADE COMME UN CHIEN

Le sadisme est l'art (malsain) de se faire du mal jusqu'à en être malade (même en mourir!) simplement pour se donner du plaisir.

Hier soir, durant les célébrations du 60ème de ma chère sœur Chyrlène, que fis-je?

- Refuser de manger des crudités, ces « vilaines » choses vertes qui me sont imposées chaque jour à la maison et que je n'aime pas. Je préfère patienter pour profiter des « bonnes » choses succulentes.
- Déguster pas juste un … mais quatre pâtés haïtiens généreux en viande bien épicées. Miam!
- Me délecter de pas d'un seul, (mon Dieu!) … mais de six acras croustillants. Quel délice!
- Pour accompagner mon griot, refuser le riz aux haricots rouges bien sûr, à la vue du plat fumant Djondjon avek diri. Emile (Roumer) se tourne dans sa tombe!
- Arroser les couanes du porc frit avec cette sauce piquante! Mamma Mia!

Résultats de ces plaisirs épicuriens: des crampes toute la nuit, trois heures assis sur un siège inconfortable et froid, un rouleau de papier de toilette, et un litre de thé de gingembre (une chance!).

Je jure (pour la centième fois!) que cela ne se reproduira plus. Meilleur choix et modération sont mes devises en tout temps maintenant. Je vais le respecter enfin! Priez pour moi que je trouve le courage de ne plus succomber aux plaisirs de la … bouche. Merci.

Edy Laraque
juin 2017

Du Même Auteur

Monologues à Boutillier, Edilivre, 2017

Une pièce de théâtre en deux actes, écrite en remémorant des souvenirs joyeux de ma tendre jeunesse en terre natale, Haïti, mon île montagneuse

Monologues at Boutillier, Book Venture, 2017

A play in two acts, written while enjoying the happy memories of my youth in my native land of Haiti, my gorgeous mountainous island.

Princesse Tulie, Edilivre, 2017

Une pièce de théâtre en trois actes trépidants d'actions, de romance, de

musique et de poésie. Le mysticisme de la culture haïtienne et la beauté des belles plages sont célébrés dans cette fresque d'amour fictif.

Emilie's Miraculous Birth, Writers Republic, 2020

A fictitious novel on the subject of God versus Science. Following a life saving delivery by a dying mother, an international team of eminent medical specialists deliver mysteriously an infant girl who was alive for years in a lethal didelphys uterus. A perfect human body is created for Emilie. During the ensuing award ceremony, Queen Emilie exhorts the scientific community to become humble, to stop behaving like gods and to submit themselves to the wills of God, the ultimate source of knowledge.

La Naissance Miraculeuse d'Émilie, EUE, février 2021

Une mère didelphysique mourante est ramenée à la vie, donne dramatiquement naissance à un bebe garçon. Une equipe internationale donne naissance par césarienne à Émilie et lui crée un corps humain parfait. Sacrée Reine par son peuple, Émilie demande à la communauté scientifique de devenir humble et de soumettre à la volonté du Très-Haut qui demeure la source ultime du Savoir.

Table des matières

Printed by Books on Demand GmbH, Norderstedt / Germany